Der Fuchs, der den Himmel malte

Mila Teräs
Karoliina Pertamo

Aus dem Finnischen von Elina Kritzokat

KNESEBECK

Eines Tages entdeckte der kleine Fuchs einen grünen Zettel:

SUCHE EINEN MALER FÜR DEN HIMMEL – BITTE BEI DER EULE MELDEN.

Da kitzelte es im Bauch des Fuchses. Ob er den Himmel bemalen könnte? Obwohl er noch so klein war?

Die Eule saß oben auf der Tanne.

»Wir brauchen dringend einen Himmelsmaler. Einen, der den Himmel so leuchtend und schön bemalt, dass einem das Herz hüpft!«, erklärte sie. »Du bist allerdings noch ziemlich klein, mein lieber Fuchs ...«

Doch die Eule wollte es den Fuchs trotzdem versuchen lassen. Und der kleine Fuchs wollte den Himmel so toll bemalen, wie er konnte.

»Ich werde die schönste Farbe der Welt finden!«, rief er und hüpfte davon.

Auf der Wiese traf der kleine Fuchs die Heuschrecke.

»Guten Tag, Heuschrecke«, sagte er. »Ich will Himmelsmaler werden und suche die schönste Farbe der Welt.«

»Da bist du bei mir richtig«, zirpte die Heuschrecke. »Horch mal, was die Wiese dir zuflüstert, und du weißt, welche Farbe die schönste ist.«

»Gräser, Halme, Blätter und Farn,
die Sommerwiese leuchtet warm.
Das Moos glänzt schimmernd wie das Glück,
dort spielt die Grille dir ihr Stück:

Zirp und zarp und pling und plang,
tönt der helle Geigenklang.
Zirp und zarp und pling und plang,
so geht der Sommer seinen Gang.

Grün hat Saft und Kraft und Leben,
Grün, das bringt die Brust zum Beben!«

n. 2.500 m:n syvyyteen; se on
a eteläss mannerrinne ja sen ulkopuolel
is-Jäämmereksi sanotaan kumminkin yleensä
) Intia syvänmeren tasanne. Syyksi-
meri; johan

tyy l mannerrinne ja sen ulkopuolel
meri; v laitoja. (Aasian itärannikon m:t,
jdanmeri). — Mannerten reunat las-
sessa
Etelä

syvänmeren tasanne. Syyksi-
mereksi sanotaan kumminkin yleensä
t jak

rö ten laitoja (Aasian itärannikon m:t,
Pohjanmeri). — Mannerten reunat las-

Etelä
johon n. 2.500 m:n syvyyteen; se on
ssä mannerrinne ja sen ulkopuolella
valtame

Jälvä mantereita ymp M:n
2) Meri, mantereita ymp M:n
nen vesijoukkio.

a. l. T
ustavat m
nnerta
nne
uloi

eri, mantere
vesijoukki

autumisesta
osa, p. 1275.

ivasti m
han asti uloit

arfuchs, Eisfuchs, Alopex lagopus, in der
verbreiteter, etwa 45–70 cm körperlanger,
rauner Fuchs mit kleinen, abgerundeten Ohren.

hrte Pelztiere, die auch in Farmen gezüchtet wer-
die Felle werden zu Besätzen, Kragen, Mänteln
Jacken verarbeitet.

jakautumisesta maapal
II osa, p. 1275. Manter
meriksi, kun ne reu

maanosien sisässä, kapeahko
eyhdistäminä valtamereen (Itä

soninlahti

Da flog die Eisente über den kleinen Fuchs hinweg.

»Habe ich richtig gehört? Du suchst nach guten Farben?«, rief sie von oben.

»Wenn du mich fragst: Die schönste Farbe der Welt findest du dort hinten!« Die Eisente machte einen großen Flügelschlag und zeigte mit dem Schnabel die Richtung an.

Der kleine Fuchs folgte der Eisente

bis ans Meer.

Auf den Ufersteinen sang die Ente:

»Blau ist Freundlichkeit und Macht,
es bringt die Träume in der Nacht.
Es schmückt die Feder, sanft und weich,
und schenkt Gedanken tief und reich.

Blau ist Freundlichkeit und Macht,
es bringt die Träume in der Nacht.
Es lässt das Herz des Meeres schlagen,
kann trübe Stimmungen verjagen.

Blau ist Freundlichkeit und Macht,
es bringt die Träume in der Nacht.
Blau ist Dunkelheit und Licht,
Farbe von Märchen und Gedicht.«

»Blau ist eine wunderschöne Farbe«,
seufzte der Fuchs, »so weit wie das
Meer und so tief wie der Schlaf.«

Auf einmal hörte der Fuchs eine Melodie.

Es war die Abendsonne, die singend
unterging:

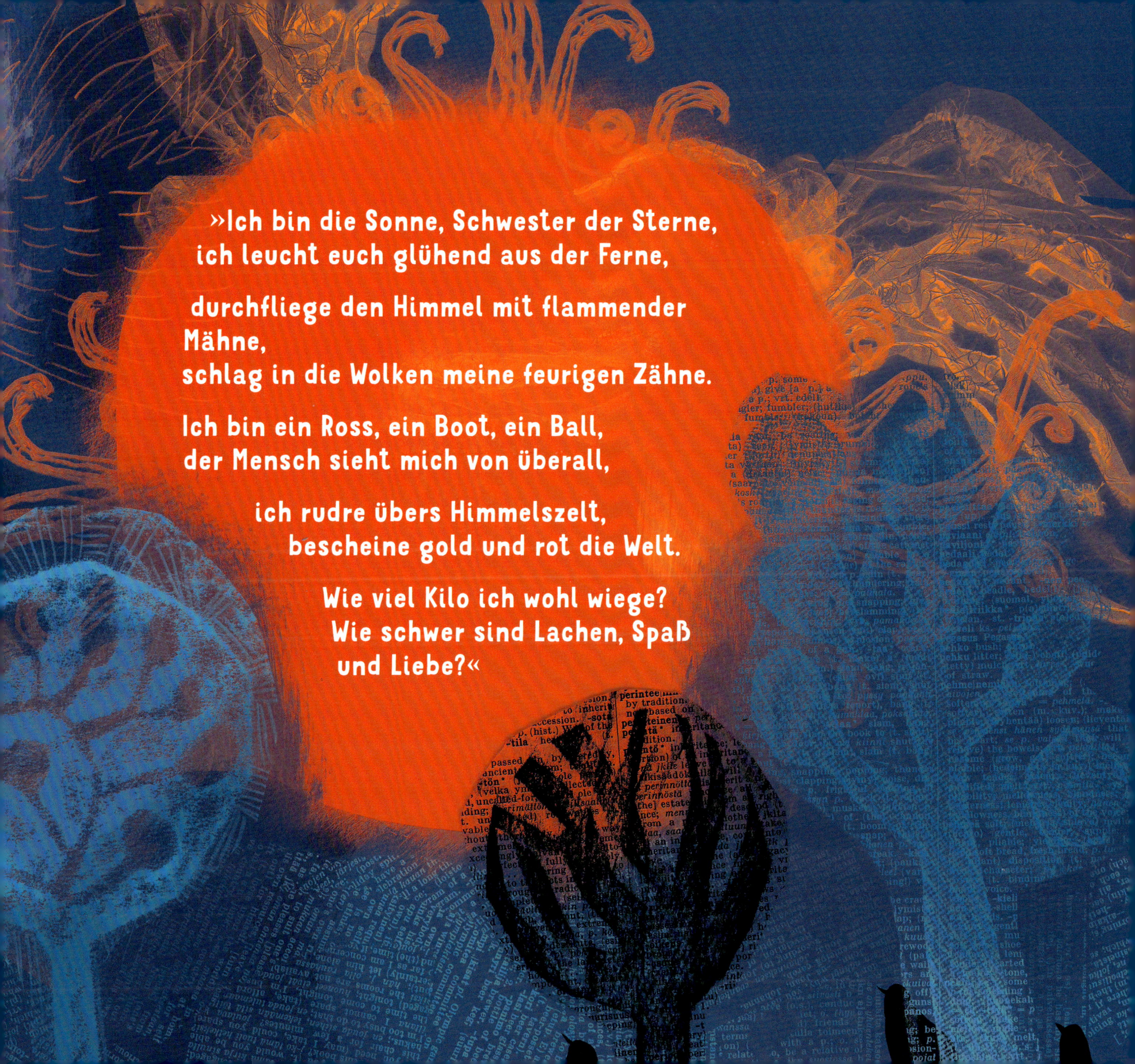

»Ich bin die Sonne, Schwester der Sterne,
ich leucht euch glühend aus der Ferne,

durchfliege den Himmel mit flammender
Mähne,
schlag in die Wolken meine feurigen Zähne.

Ich bin ein Ross, ein Boot, ein Ball,
der Mensch sieht mich von überall,

ich rudre übers Himmelszelt,
bescheine gold und rot die Welt.

Wie viel Kilo ich wohl wiege?
Wie schwer sind Lachen, Spaß
und Liebe?«

»Rot ist so feurig, dass jeder hinsehen muss«, überlegte der Fuchs und sah den letzten Sonnenstrahlen bei ihrem Tanz zu.

Da krabbelte das Glühwürmchen herbei.

»Was redest du da, kleiner Fuchs?«, flüsterte es. »Die schönste aller Farben ist Gelb, so wie mein leuchtender Po!«

Das Glühwürmchen zeigte in
den dunkler werdenden Himmel.
»Schau mal! Dort oben! Siehst du sie?

JETZT

GEHEN

SIE

AUF!

Das Glühwürmchen holte tief Luft
und trug ein Gedicht vor:

»Glühen wie ein gelber Stern,
oh, das würde ich so gern!
Mein Zuhause wär der Himmel,
feinster Klang aus Sterngebimmel!

In der Milchstraße würd ich baden,
verreisen mit dem Großen Wagen,
im Mondlichtgarten Blumen pflücken,
dich als Sternschnuppe beglücken,

deine Wünsche dir erfüllen,
dich mit Sternenstaub einhüllen!
Glühen wie ein gelber Stern,
oh, das würde ich so gern!«

Inzwischen war es dunkel.

»Wo bin ich hier eigentlich?«, fragte der Fuchs.
»Wo ist mein Zuhause, der Wald, den ich kenne?«

»Du musst in diese Richtung, aber es ist ein ziemliches Stück«, sagte das Glühwürmchen und zeigte mit dem Kopf nach rechts.

Aber so lange der kleine Fuchs auch lief, die Welt um ihn herum sah immer fremder aus.

Da schimmerte etwas vor ihm auf. Etwas Festes, Hohes: ein großer Berg!

Der Fuchs beschloss, den Berg hinaufzuklettern und zu schauen, wo sein Zuhause mit den vertrauten Bäumen lag.

Während der Fuchs immer höher stieg, begann es

ZU

SCHNEIEN.

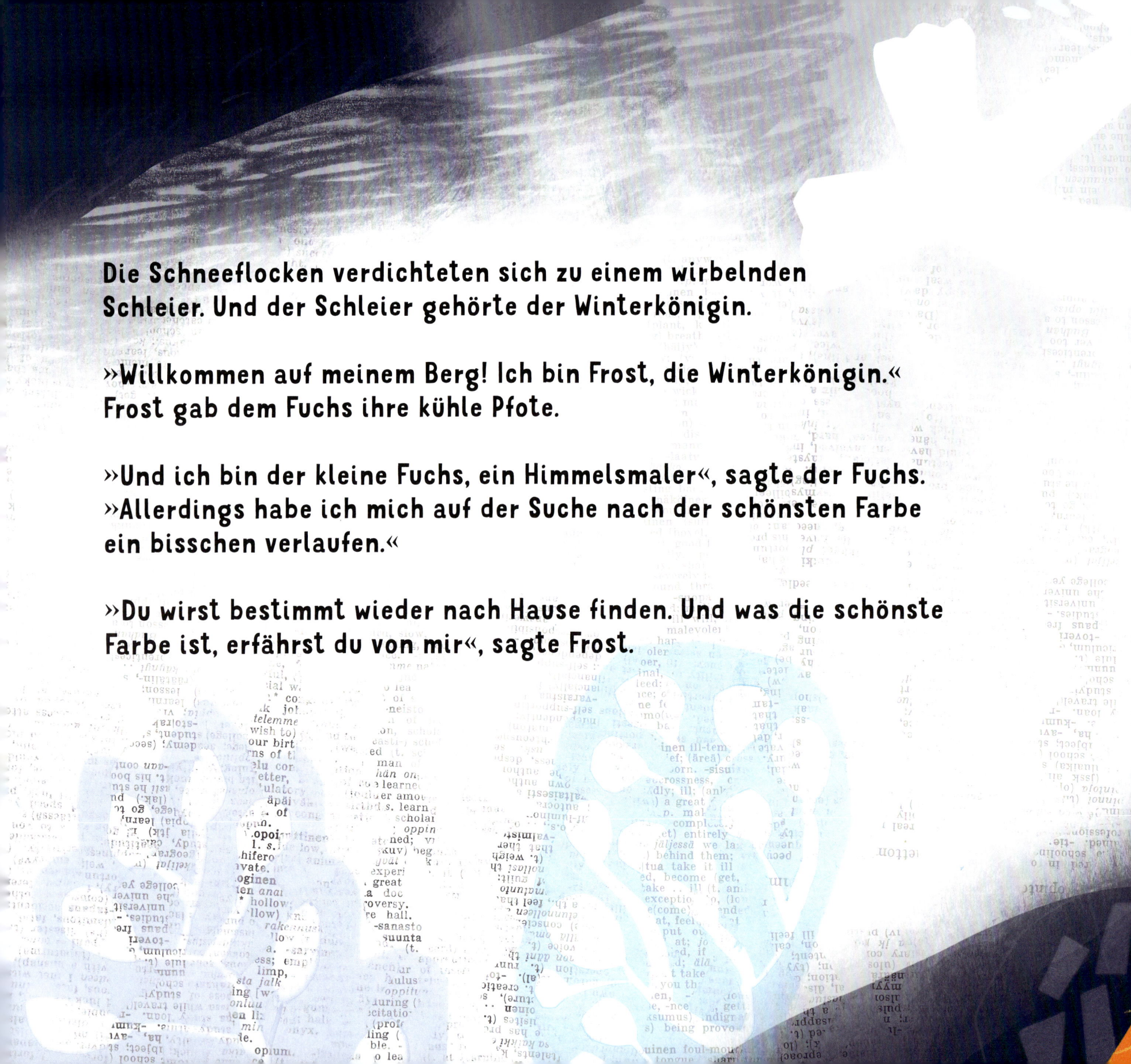

Die Schneeflocken verdichteten sich zu einem wirbelnden Schleier. Und der Schleier gehörte der Winterkönigin.

»Willkommen auf meinem Berg! Ich bin Frost, die Winterkönigin.« Frost gab dem Fuchs ihre kühle Pfote.

»Und ich bin der kleine Fuchs, ein Himmelsmaler«, sagte der Fuchs. »Allerdings habe ich mich auf der Suche nach der schönsten Farbe ein bisschen verlaufen.«

»Du wirst bestimmt wieder nach Hause finden. Und was die schönste Farbe ist, erfährst du von mir«, sagte Frost.

Schon begann die Winterkönigin
zu singen:

»Weiß ist offen, frei und weit,
ist ewige Unendlichkeit,
ist wie unbeschriebenes Papier,
schenkt ruhigen Frieden Mensch
und Tier.

Und breitet erst das Weiß
sich aus –
dann führ'n die Farben dich
nach Haus!«

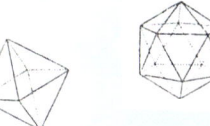

Der kleine Fuchs sah zu, wie das Schnee-
gestöber immer dichter und der Schleier der
Winterkönigin immer größer wurde. Bald war
weit und breit nichts als frostiger Schnee.

»Nichts verzaubert uns so wie reines Weiß«,
hauchte die Winterkönigin.

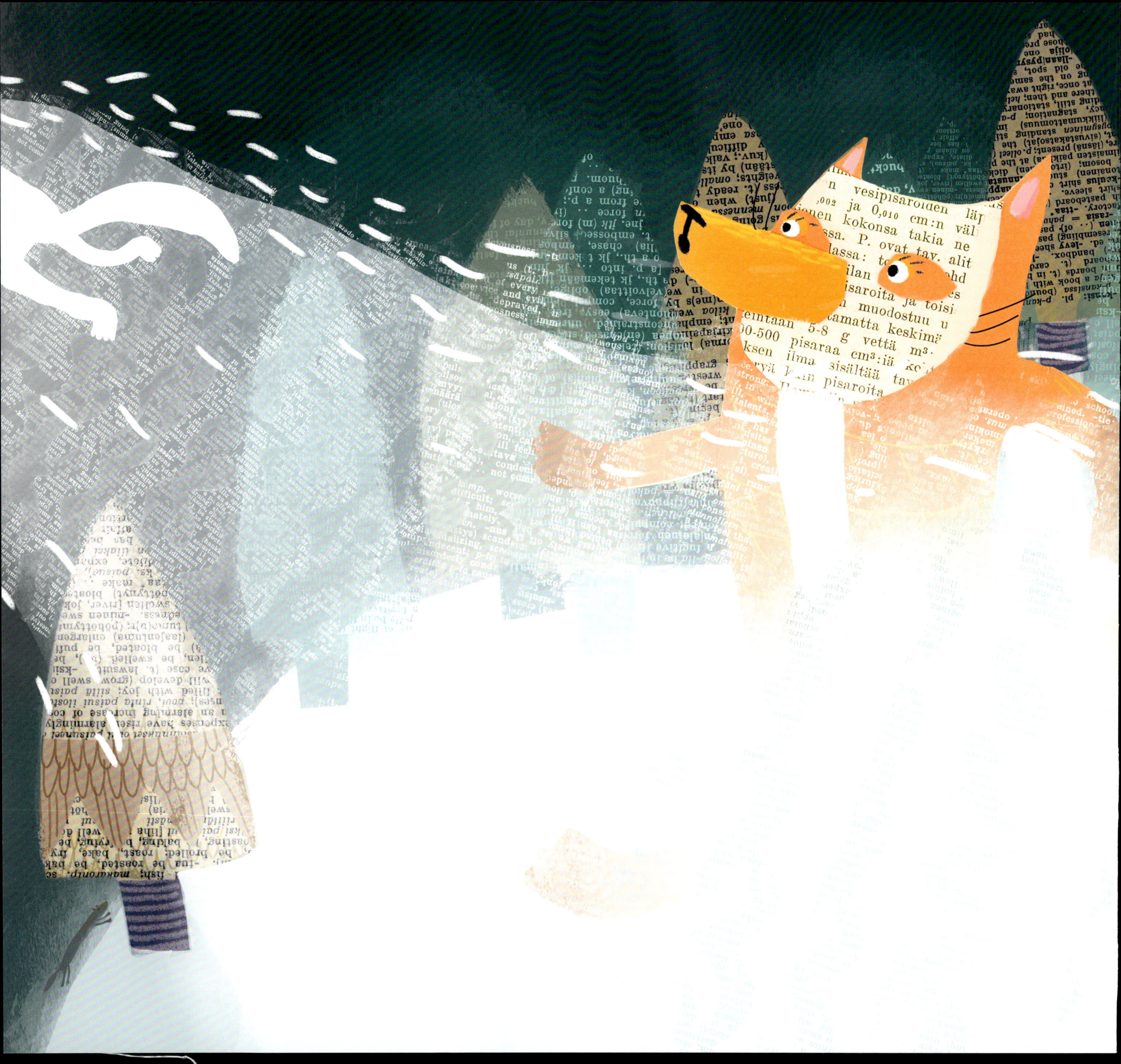

»Ich muss jetzt weiter und meinen Schnee auch anderen Tieren bringen«, sagte die Winterkönigin bedauernd. »Auf Wiedersehen, kleiner Fuchs!«

»He, warte!«, rief der Fuchs ihr nach. »Du hast mir noch nicht gesagt, wie ich nach Hause finde!«

Aber die Winterkönigin war schon verschwunden, und vor lauter Schnee waren auch keine Spuren mehr zu sehen.

Da glühte etwas Helles hinter den Bäumen.

Oooh!

Als der Fuchs ein zweites Mal hinsah, war der Himmel gar nicht mehr dunkel, sondern leuchtete in bunten Farben!

Der Fuchs hätte nicht sagen können, welche Farbe die schönste war.
Sie waren alle wunderschön! Da hob der Fuchs den Schwanz
ließ die Farben wie mit einem Pinsel ineinanderfließen:
Grün, Rot, Blau, Gelb und Weiß tanzten zusammen am Himmel!

Die Farben flackerten und leuchteten

immer heller und heller.

»Hier bist du also!«, rief jemand von oben.

Es war die Eule! Der Fuchs freute sich von der Nase bis zur Schwanzspitze.

»Auf der Suche nach der schönsten Farbe habe ich mich verlaufen«, rief der Fuchs zurück. »Aber dafür habe ich immer schönere Farben gefunden!«

»Das sehe ich«, sagte die Eule zufrieden. »Als der Himmel hoch im Norden in den schönsten Farben zu leuchten anfing, da wusste ich, das kannst nur du sein. So bunt habe ich den Himmel noch nie erlebt!«

»Ich finde, eine Farbe allein kann gar nicht die schönste sein«, erklärte der kleine Fuchs. »Erst zusammen sind alle Farben richtig schön.«

Die Eule nickte. »Du hast recht! Sie bringen sich gegenseitig zum Leuchten. Und jetzt komm mit nach Haus.«

Zu Hause fühlte der Fuchs
wieder ein kleines Kitzeln im
Bauch. Und dann stieg ein Lied in
ihm auf:

Grün und Rot und
Gelb und Blau –
gehören zusammen,
das spür ich genau!

Und wovon will ich
heute träumen?
Vom bunten
Nordlicht
über den Bäumen.

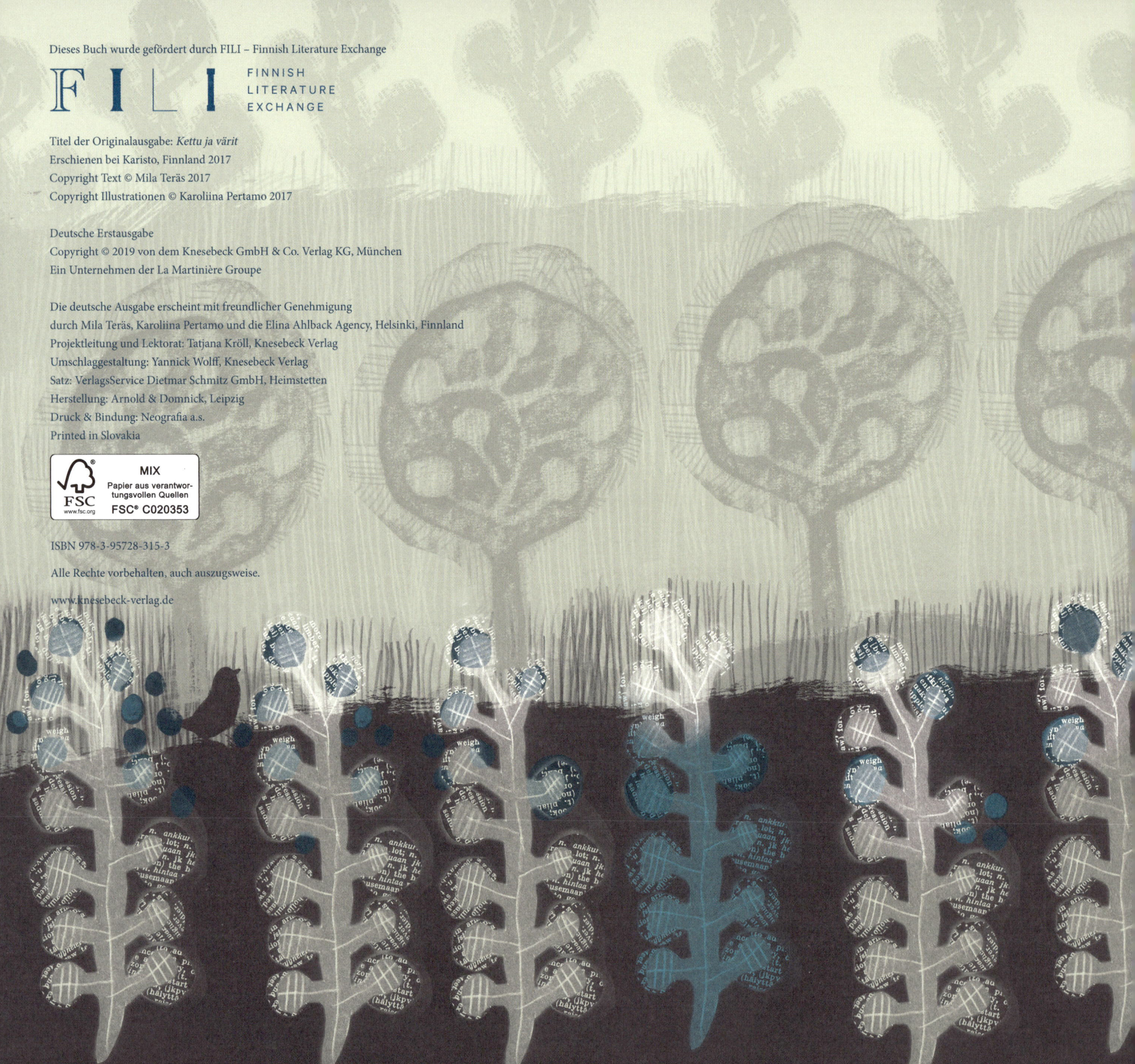

Dieses Buch wurde gefördert durch FILI – Finnish Literature Exchange

FILI FINNISH
LITERATURE
EXCHANGE

Titel der Originalausgabe: *Kettu ja värit*
Erschienen bei Karisto, Finnland 2017
Copyright Text © Mila Teräs 2017
Copyright Illustrationen © Karoliina Pertamo 2017

Deutsche Erstausgabe
Copyright © 2019 von dem Knesebeck GmbH & Co. Verlag KG, München
Ein Unternehmen der La Martinière Groupe

Die deutsche Ausgabe erscheint mit freundlicher Genehmigung
durch Mila Teräs, Karoliina Pertamo und die Elina Ahlback Agency, Helsinki, Finnland
Projektleitung und Lektorat: Tatjana Kröll, Knesebeck Verlag
Umschlaggestaltung: Yannick Wolff, Knesebeck Verlag
Satz: VerlagsService Dietmar Schmitz GmbH, Heimstetten
Herstellung: Arnold & Domnick, Leipzig
Druck & Bindung: Neografia a.s.
Printed in Slovakia

FSC
www.fsc.org

MIX
Papier aus verantwor-
tungsvollen Quellen
FSC® C020353

ISBN 978-3-95728-315-3

www.knesebeck-verlag.de